KOLEJNY POZIOM INWESTYCJI W KRYPTOWALUTY

Zaawansowane Strategie Budowania Bogactwa za Pomocą Bitcoina i Kryptowalut

WAYNE WALKER

SPIS TREŚCI

ROZDZIAŁ 1
Kryptowaluty (oprócz Bitcoina): Co Robią?

Dla wielu ludzi, którzy wciąż są pod wrażeniem niesamowitych ruchów cen w górę, które widzieliśmy na wielu kryptowalutach, jedno pytanie, które najczęściej otrzymuję od nowych studentów oraz innych osób, brzmi: "co one robią?" Bitcoin jest oczywiście w centrum uwagi, ale w przypadku innych kryptowalut większość ludzi nie ma o nich żadnej wiedzy. Przyjrzyjmy się bliżej popularnym kryptowalutom, a później podzielę się kilkoma przemyśleniami na temat ruchów na rynku.

Ethereum (ETH) – Programowalne kontrakty

Bitcoin (BTC) – Przenoszenie pieniędzy, rozliczanie transakcji, aktywa cyfrowe

Dash (DASH) – Kluczową cechą jest prywatność

Monero (XMR) – Prywatna gotówka cyfrowa

Litecoin (LTC) – Podobny do Bitcoina, ale szybszy

Ripple (XRP) – Sieć rozliczeń płatności dla przedsiębiorstw

NEO (NEO) – Ethereum na rynek chiński

Dlaczego Wszystkie Tak Bardzo Wzrosły?

Oprócz pytań o to, czemu służą kryptowaluty, następny najgorętszy temat dotyczy ruchów na rynku. Historia, którą często dzielę się na zajęciach, dotyczy mojej podróży do Nowego Jorku w maju 2017 roku na krótkie wakacje. Bitcoin kosztował wtedy nieco ponad $2200, a gdy wróciłem do Europy w sierpniu, było to już ponad $4000. Co takiego stało się z Bitcoinem, że niemalże podwoił swoją cenę? Na pierwszy rzut oka wydaje się, że niewiele. Jednak Bitcoin i inne kryptowaluty opierają się na zaufaniu do systemów, które je obsługują. Widząc gwałtowny wzrost Bitcoina powyżej $19,000 oraz altcoinów przynoszących oszałamiające zyski, można było stwierdzić, że każdy kto wyznacza jakieś granice tego co rzekomo 'rozsądne', wyraźnie oddaje się pobożnym życzeniom. Nie było w tym żadnej nauki ani logiki.

Jak Powinieneś Nimi Handlować

Z mojego doświadczenia i wykształcenia na rynkach kapitałowych, w szczególności na rynku Forex, wynika, że wiele kryptowalut znajduje się na nadmiernie wykupionym terytorium. Z niektórych raportów, które przeczytałem od różnych analityków, Bitcoin będzie nadal przynosił ogromne zyski. Nie jestem w stanie już się z nich dłużej śmiać. To co zdecydowanie sugeruję każdemu, kto handluje jakąkolwiek klasą aktywów, to "uczynić porażkę możliwą do przetrwania". Jest to pojęcie dobrze znane inżynierom i osobom zaangażowanym w start-upy. Handluj kapitałem podwyższonego ryzyka lub inwestuj w kilka kryptowalut o wystarczającym wolumenie, tak aby Twoja możliwość wejścia i wyjścia była stosunkowo łatwa. Zdaję sobie sprawę, że istnieje wiele poglądów na temat tego, jaki wolumen jest wystarczający. Osobiście zawsze chcę widzieć wolumen powyżej 1,000,000. Wreszcie, możesz również rozważyć kryptowaluty jako zabezpieczenie swoich inwestycji lub handlu. Kwalifikują się, ponieważ jako klasa aktywów nie są skorelowane z innymi aktywami, na przykład akcjami lub towarami. W dalszych rozdziałach przyjrzymy się dokładniej najlepszym praktykom handlowym w zakresie handlu kryptowalutami.

są skorelowane z innymi aktywami, na przykład akcjami lub towarami. W dalszych rozdziałach przyjrzymy się dokładniej najlepszym praktykom handlowym w zakresie handlu kryptowalutami.

ROZDZIAŁ 2

Gdy Kurz Już Opadł, Co Tak Naprawdę Powinieneś Mieć w Swoim Portfelu Kryptowalut?

Nawet dla zwykłego obserwatora jesień 2017 roku do pierwszych dwóch kwartałów 2018 roku była szaloną jazdą na kryptowalutach. Na razie wydaje się, że tak jak napisałem w artykułach w Internecie, część medialnego szumu ustąpi i będziemy mogli zająć się prawdziwym handlem i inwestowaniem w kryptowaluty. Właściwie wiele z tego, co napisałem (mniej szumu, więcej przepisów) już się spełniło.

Nie mam tutaj nastawienia typu "a nie mówiłem" z tym, że cały szum robi sobie wakacje. Mówię o tym, ponieważ było to potrzebne, dla dobra kryptowalut. Wiem doskonale, że wiele osób się sparzyło, a ich konta otrzymały kilka nokautów. Niektórzy nawet całkowicie zrezygnowali z kryptowalut. Większość odchodzących, którzy zajmowali się handlem kryptowalutami to Ci, którzy odmówili lub zaniedbali odbycie szkolenia lub uzyskanie wykwalifikowanej porady zanim doszło do krachu. W innych moich książkach zawsze podkreślam znaczenie dywersyfikacji. Ważna koncepcja obejmująca wszystkie klasy aktywów, ale w przypadku kryptowalut przechodzi od można mieć do TRZEBA MIEĆ. Koncepcja dywersyfikacji nie jest niczym magicznym ani jakąś głęboką tajemnicą. Sama znajomość podstawowych zasad tradingu wraz z analizą techniczną pomogłaby wielu w ich strategii, a zwłaszcza w sposobie myślenia.

Rzeczywistość

Faktem jest, że zmienność, którą widzieliśmy w przypadku Bitcoina, była w rzeczywistości bardziej dotkliwa w przeszłości. Kryptowaluty, podobnie jak inne rynki, mogą faktycznie spaść, lecz dla niektórych to stwierdzenie wydawało się zupełnie nowym pomysłem. Kiedy zbliżaliśmy się z Bitcoinem z $10,000 do ponad $19,000 dolarów szybciej, niż mógłby sobie to wyobrazić nawet największy fan Bitcoina, nagle zapomniano o możliwym spadku. Zmniejszenie medialnego szumu pomogło w dojrzewaniu rynku, a także zmusiło traderów do bardziej strategicznego spojrzenia na cały sektor. Kolejnym plusem jest to, że wyprzedaż Bitcoinów miała tę zaletę, że pozwoliła kilku altcoinom znaleźć się w centrum uwagi, na przykład Stellarowi.

Portfel

Co rozważałbym zawrzeć w portfelu na rok 2018 i później:

Bitcoin, Ethereum, Ripple, Cardano, Stellar, NEO, Litecoin, EOS i Nem. Są one wybrane zgodnie z moją zasadą, że inwestorzy lub traderzy powinni mieć zróżnicowany portfel kryptowalut i handlować tylko tymi z dobrą płynnością (według standardów kryptowalut). Wszystkie wybrane znajdują się w pierwszej piętnastce pod względem kapitalizacji rynkowej.

Zarówno nowi, jak i bardziej doświadczeni entuzjaści kryptowalut powinni zdawać sobie sprawę z unikalnych cech poszczególnych kryptowalut. Każde aktywo kryptograficzne ma swoje odrębne cechy pod względem zachowania rynkowego. Widzieliśmy również, że altcoiny mają swoje własne historie zmian cen. To nie jest do końca tak, jak powiedziano w przeszłości, że cokolwiek dzieje się Ethereum lub Bitcoinem na rynku, inne kryptowaluty zareagują podobnymi ruchami cen. Na przykład spadek wartości Bitcoina nie doprowadził do takiego samego spadku dla wielu altcoinów. Wręcz przeciwnie, kilka z nich zyskało na wartości.

ICO

Poza moją listą sugerowanych kryptowalut, można też zrobić miejsce na jedno lub dwa spekulacyjne ICO. Bierzemy tutaj pod uwagę, że wiele z nich, lecz NIE wszystkie, to oszustwa. Po wybraniu swoich kryptowalut kolejnym krokiem w celu dalszej dywersyfikacji portfela jest zapewnienie odpowiedniej kombinacji sektorów. Większość inwestorów pomija ten istotny szczegół podczas tworzenia portfela.

ROZDZIAŁ 3
Wznieś Dywersyfikację Swojego Portfela Kryptowalut Na Wyższy Poziom

Poważni inwestorzy zwykle już wiedzą, że różnorodność jest pożądana w portfelu. Niezależnie od tego, czy handluje się zabezpieczonymi obligacjami rządowymi zamiast zmiennych kryptowalut, różnorodność jest jedną z tych rzeczy, co do której wszyscy powinniśmy być zgodni. Jest to szczególnie prawdziwe, gdy powszechnie wiadomo, że około 1000 osób posiada 40 procent rynku Bitcoina. Są to tak zwane "bitcoinowe wieloryby". Nawiasem mówiąc, wieloryby mają również inne kryptowaluty w swoich portfelach.

Rozwinę tę koncepcję i przedstawię więcej strategii, z których korzystają inwestorzy kryptowalut o wysokiej wartości netto w swoich portfelach. Jak opisałem w niektórych moich artykułach, powinieneś dążyć do posiadania portfela z mieszanką kryptowalut, aby uniknąć szaleństwa posiadania wszystkich pieniędzy w Bitcoinie lub Ethereum. Pierwszym krokiem do zauważalnego zwiększenia dywersyfikacji jest dywersyfikacja według sektorów, np. według funkcji lub głównego celu kryptowaluty.

Różnorodność Kryptowalut Według Sektora

Niektóre sektory na początek: Tokeny, Kryptowaluty Konwencjonalne, Inteligentne Kontrakty, Sieci Rozliczeniowe, Prywatność, Usługa Overlay. Wymienione poniżej sugestie to tylko sugestie. To oczywiście nie jest pełna lista wszystkich kryptowalut z każdego sektora. Lista jest jednak dobrym punktem wyjścia podczas tworzenia swojego portfela.

<u>Sektory i możliwe kryptowaluty</u>

Token: Stratus, EOS

Inteligentny Kontrakt: NEO, Ethereum, Cardano

Prywatność: Monero, Dash, Zcoin

Kryptowaluty Konwencjonalne: Litecoin, IOTA, NEM

Sieci Rozliczeniowe: Stellar, Ripple

Różnorodność Kryptowalut Według Giełd

W procesie zarządzania ryzykiem często pomija się różnorodność giełd. Przeoczenie to było szczególnie bolesne w 2017 roku, kiedy kilka najbardziej znanych giełd na Wschodzie i Zachodzie miało problemy z gorączką na rynku. Problemy te przybrały postać: przeciążenia serwerów, wyłączenia stron, a dla wielu najbardziej bolesnym problemem był brak możliwości wypłaty zysków. Jest to rynek działający 24 godziny na dobę, 7 dni w tygodniu, a duże ruchy mogą nastąpić w dowolnym momencie, dlatego możliwość wykonania transakcji jest najważniejsza. Wybór giełdy rozpoczynasz od starannego przygotowania zwracając uwagę na takie czynniki jak:

kraj, prędkość przelewów bankowych, reputacja rynkowa, czy giełda jest regulowana czy nie, itp.

Lepszy Start

Mając na uwadze różnorodność giełd i podejmując kroki mające na celu wybór jak najwłaściwszej, będziesz mieć wyraźną przewagę nad wieloma inwestorami. Aby zwiększyć swoją przewagę, następnym krokiem jest rozważenie wielkości udziału w każdym sektorze lub kryptowalucie w swoim portfelu. Dla przykładu, jeśli masz 4 kryptowaluty w sektorze, czy każda z nich ma 25% alokacji Twoich środków, a jeśli 4 sektory, to czy każdy z nich otrzymuje 25% alokacji Twoich funduszy? Ostateczna kompozycja musi uwzględnić wiele czynników, na przykład Twoją tolerancję ryzyka, Twoją ekspozycję na inne klasy aktywów oraz wielkość Twojego konta. Są to niektóre z rzeczy, nad którymi pracuję z klientami, aby pomóc im nabrać spokoju.

Następnie kontynuujesz proces, sprawdzając, jaki procent Twoich środków przypada na każdą giełdę. Rynek kryptowalut pozostaje w większości nieuregulowany, więc jeśli Twoja giełda zbankrutuje, nie uzyska ona rządowej pomocy, dlatego świadomość tego, jaki procent środków znajduje się na danej giełdzie, jest niezbędną częścią Twojego zarządzania ryzykiem.

ROZDZIAŁ 4

Przegląd ICO: Które Są Dobre i Na Co Należy Zwracać Uwagę

Według niedawnego badania większość dorosłych Amerykanów nie wiedziała, co to jest ICO. Pierwsza Oferta Kryptowalut (ICO) jest podobna do Pierwszej Oferty Publicznej (IPO). W IPO inwestorzy są proszeni o zakup akcji spółki i tym sposobem spółka pozyskuje kapitał. Jednak w przypadku ICO inwestorzy kupują bazowe tokeny kryptograficzne w zamian za Bitcoina lub Ethera.

Pierwszym ICO był projekt Mastercoin z 2013 roku autorstwa J.R. Willeta. Zebrał on $500,000 w postaci 5,000 Bitcoinów. Inwestorzy kupili Mastercoiny w zamian za Bitcoiny. 5,000 Bitcoinów, które MasterCoin zebrał w 2013 roku, było warte około 41 milionów dolarów w czerwcu 2018 roku.

Gorące i Ryzykowne

ICO były i pozostają gorącym i ryzykownym sektorem w świecie kryptowalut. Jak wspominałem w drugim rozdziale, musisz z nimi uważać. Czyniono nawet porównania do bańki dot-com (1997-2001), ale ludzie powinni również pamiętać, że bańki dot-com stanowiły okazję do rozwoju wielkich firm, takich jak eBay i Google.

Potrzebne Odpowiedzi

Jako świadomy inwestor musisz sprawdzić, czy projekt naprawdę wymaga technologii blockchain. Czy projekt ICO można wykonać bez bycia częścią łańcucha bloków? Jeśli tak, to ICO może być tylko próbą wejścia w trend ICO.

Kilka innych pytań, na które musi odpowiedzieć każde ICO: Jaki jest sens tej kryptowaluty? Jaki problem ona rozwiązuje? Czy to naprawdę jest problem? Będziesz także musiał sprawdzić, czy problem, który planują rozwiązać twórcy, nie został już rozwiązany przez inną kryptowalutę. Jest tak, ponieważ po przeczytaniu niektórych białych ksiąg szybko się zorientujesz, że masz do czynienia z klonem innej kryptowaluty.

JAK DOSTRZEĆ OSZUSTÓW W ICO?

Oto niektóre z najlepszych sygnałów ostrzegawczych, że masz do czynienia z oszustami:

- Kontakt z nimi jest trudny. Nie można znaleźć ich numerów telefonów za pomocą prostego wyszukiwania w Internecie
- Biała księga jest zwykle krótka (poniżej 10 stron), pełna podstawowych błędów gramatycznych i ortograficznych
- Jakość strony internetowej jest niska lub do jej budowy wykorzystano bezpłatną usługę
- Zakładka "O nas" i dane rejestracyjne są wątpliwe lub ich brakuje

- Nie można znaleźć dyrektora generalnego ani doradców na LinkedIn ani w innych profesjonalnych kanałach

Uważaj na Strony Internetowe, Które Recenzują ICO

ICO w większości są nieuregulowane, co prowadzi wiele osób do stron z recenzjami ICO w celu uzyskania opinii o nich. Niedoświadczeni inwestorzy szczególnie ufają platformom ratingowym ICO, szukając tam informacji. Platformy ratingowe zawsze były podejrzane wśród ekspertów, ponieważ łatwo jest kupić oceny ICO. Po prostu podawane oceny nie zawsze są niezależne.

Slogan "ICO ocenione przez ekspertów" jest tym, co niektóre platformy ratingowe ICO mogą reklamować na swoich stronach internetowych, aby zdobyć zaufanie inwestorów poszukujących informacji. Niezłe stwierdzenie, ale badania stron internetowych wykazały, że oceny ICO i ich widoczność nie zawsze są bezstronne. Wyniki są przerażające! Okazuje się, że wiele platform to nic innego jak strony marketingowe sprzedające tym, którzy chcą zapłacić. Często oferują usługi z priorytetem obsługi w zamian za zapłatę. Podsumowując, czytaj recenzje ze świadomością, że mogły zostać kupione.

ROZDZIAŁ 5

Pułapki, Których Należy Unikać Przy Przejściu z Rynku Forex Na Handel Kryptowalutami

Skuteczne przejście z forex do kryptowalut jest wyzwaniem dla wielu traderów. Wiele z tego, czym się podzielę, opiera się głównie na moim doświadczeniu związanym z przejściem na kryptowaluty. Dlatego nie jest to jedyny sposób.

Pierwszą rzeczą, o której należy pamiętać, jest to, że wiele z tego, co wiesz z handlu spot forex, można zastosować do kryptowalut, ale są pewne istotne różnice. Zignorowanie tych różnic może mieć fatalne skutki dla Twojego konta.

Najważniejszym faktem, z którym inwestorzy na rynku Forex muszą się pogodzić, jest to, że nie mają do czynienia z walutami fiducjarnymi, takimi jak euro czy dolar amerykański. Kryptowaluty nie są prawnym środkiem płatniczym w żadnym kraju, nie są walutami w tradycyjnym tego słowa znaczeniu. Innymi słowy, jeśli pójdziesz do lokalnej kawiarni, nie musi ona akceptować Bitcoina jako płatności. Gdyby kawiarnia była w Madrycie, a Ty masz euro, musieliby je zaakceptować, ponieważ euro jest prawnym środkiem płatniczym w Hiszpanii. Kryptowaluty podlegają również kaprysom regulacyjnym rządu. Każdy kraj, dając małe ostrzeżenie, może zbanować kryptowaluty i giełdy. Takiego ryzyka nie ma w przypadku walut fiducjarnych. Jest bardzo mało prawdopodobne, że obudzisz się jutro i zobaczysz w mediach nagłówek "Handel dolarami amerykańskimi został zakazany w USA" lub "Stan Nowy Jork ogłosił, że handel na NYSE jest nielegalny dla mieszkańców".

Drugą kwestią, z którą mamy do czynienia, jest technologia. Krypto da się zaprogramować, a ja nie znam żadnych programowalnych fiatów. W przypadku kilku kryptowalut odkryliśmy również, że nie były one w stanie sprostać zadeklarowanym lub obiecanym możliwościom. Nie obejmuje to nawet przypadków, w których doszło do jawnego oszustwa.

Nowe Zasady Tradingu Opartego o Wiadomości

Zwykłe strategie handlu zagranicznymi walutami w oparciu o wiadomości nie mają tutaj bezpośredniego zastosowania. Na przykład raport o zatrudnieniu poza rolnictwem lub ogłoszenie stóp procentowych Banku Anglii będą miały niewielki lub żaden wpływ na Litecoin. Jednak Twoje doświadczenie w radzeniu sobie z reakcjami na wiadomości można zastosować do kryptowalut. Pojęciem bardzo znanym wielu handlowcom na rynku Forex jest nadmierna reakcja rynku na wiadomości. Nadmierna reakcja na wiadomości to niemal banał w handlu kryptowalutami, ponieważ większość traderów jest nowicjuszami i nie są zaznajomieni ze zmiennością rynku. Ponadto masz poziomy szaleństwa paraliżujące myśli, które powodują, że drapię się po głowie słysząc historie osób, które wydały wszystko ze swojej karty kredytowej tylko po to by kupić Bitcoina. Gdybym był w takiej sytuacji, istnieje ryzyko, że też bym przesadził.

Analiza Techniczna ze Zwrotem 25,000%

Jeśli chodzi o analizę techniczną, przydatne jest wiele z tego, co powinieneś wiedzieć o wsparciu i oporze. Nowością jest to, że będziesz musiał zaniechać ścisłej interpretacji poziomów wsparcia/oporu. Masz kryptowaluty, które mogą łatwo wzrosnąć o 100% miesięcznie, a przy wielu wskaźnikach technicznych byłoby to uważane za masowe nadmierne wykupienie, jednak w przypadku kryptowalut potrzebne jest zaniechanie braku wiary. Jako dowód posłuży Fundusz Pantera Bitcoin, który dał zwrot ponad 25,000% (uruchomiony w 2013 roku) lub Ripple, który dał zwrot 35,000%. Nie są to pomyłki, dane te są łatwo weryfikowalne w Google. Najlepszym sposobem radzenia sobie z takimi ruchami jest uznanie, że to, co się dzieje, dziać się nie powinno, ale jednak się dzieje. Jak napisałem wcześniej, znajdujemy się w nowym świecie kryptowalut, który się rozszerza i zmienia z każdym dniem. Dziś to, co jest legalne, jutro może nagle stać się nielegalne. To, co przeczytałeś rano i założyłeś, że jest prawdą, może okazać się "fałszywą wiadomością" w porze obiadowej.

Wieloryby Bitcoin i ogólnie kryptowalut są prawdziwym czynnikiem, z którym trzeba się uporać. Jak wspomniałem wcześniej, kontrolują mniej więcej 40 procent rynku. Jest to niespotykane w żadnej innej klasie aktywów. Wieloryby te w zależności od swego nastroju mogą zniszczyć tygodnie starannie zaplanowanej analizy i strategii.

Wejście na rynek graczy instytucjonalnych, na przykład Goldman Sachs i innych, przyniesie na rynek nie tylko "inteligentne" pieniądze, ale przede wszystkim płynność. Kiedy tacy gracze wchodzą na rynek z ogromnym kapitałem, oznacza to dla innych graczy rynkowych, że kryptowaluty są czymś, co należy traktować poważnie. Jest to dobre zjawisko dla traderów, ponieważ pozwoli rynkowi dojrzeć oraz odnieść inne, wymienione wcześniej korzyści.

Nowojorska Giełda Papierów Wartościowych (NYSE) zasygnalizowała na początku 2018 roku, że bada uruchomienie platformy, która pozwoli klientom instytucjonalnym na handel i przechowywanie bitcoinów. Już sama ta wiadomość może sygnalizować i stanowić podstawę dalszej aprecjacji cen Bitcoina oraz innych kryptowalut w dłuższej perspektywie.

Śmierć Purysty

Bycie purystą analizy fundamentalnej lub technicznej pozbawi Cię środków na koncie. Dlatego będziesz potrzebować solidnej strategii zarządzania ryzykiem, wykorzystującej wiele narzędzi, które powinny być Ci znane. Zarządzasz ryzykiem, mając za podstawę moją niepodlegającą dyskusji zasadę przetrwania w przypadku niepowodzenia, co oznacza, że handlujesz tylko tymi pieniędzmi, na utratę których możesz sobie pozwolić. Budujesz zróżnicowany portfel kryptowalut i handlujesz tylko tymi z dobrą płynnością.

ROZDZIAŁ 6
Giełdy Kryptowalut: Front-Running i Ceny

Radzenie sobie z giełdami jest częścią handlu, a w przypadku kryptowalut istnieją pewne problemy, z których wielu inwestorów nie zdaje sobie sprawy. Pozytywne jest to, że dzięki rynkowi otwartemu 24/7 możesz handlować, kiedy tylko zechcesz. Nieprzyjemność wynika z tego, że giełdy mogą dokonywać nielegalnej praktyki w postaci front-runningu. Z front-runningiem mamy do czynienia wtedy, gdy broker wchodzi w transakcję przed swoimi klientami, zwykle przed inną dużą transakcją, która prawdopodobnie wpłynie na cenę kryptowaluty, akcji, itp. Jest to zarówno nieetyczne, jak i nielegalne na rynkach regulowanych. Znaczna część świata kryptowalut jest nieuregulowana, dlatego giełdy mają swoje miejsce do 'zabawy'. Powszechnie wiadomo, że taka praktyka jest szeroko rozpowszechniona na rynku. W większości przypadków proceder ma miejsce w transakcjach o dużej wielkości, ponieważ istnieje wtedy możliwość czerpania większych zysków z front-runningu. Jeśli handlujesz bardzo małymi kwotami, to nie powinno to na Ciebie wpływać.

Ceny i Spready

Innym gorącym tematem związanym z giełdami są ceny. Zazwyczaj na giełdach regulowanych, na przykład z akcjami, uzyskuje się najlepszą cenę kupna i sprzedaży. Jest to znacznie trudniejsze do osiągnięcia na rynkach kryptowalut, ponieważ podaż jest tam bardzo rozbita. Rzeczywista cena, po której transakcja zostanie zrealizowana różni się znacznie w zależności od giełdy, z której korzystasz jako partner handlowy. Jedną z kluczowych rzeczy jest to jak solidny jest używany przez nich silnik dopasowujący. Mechanizm kojarzenia transakcji to oprogramowanie używane przez giełdy elektroniczne, które łączy oferty i kupujących w celu zakończenia transakcji. Do wykonania alokacji używane są algorytmy. Oprócz dwóch głównych problemów, które omówiłem, możesz również napotkać problemy z opóźnieniem, jeśli używasz algorytmu.

Spread to różnica między ceną kupna i sprzedaży. Spready dla kryptowalut w porównaniu z innymi rynkami są ogromne. Tak ogromne, że był to jeden z najgorętszych obszarów skarg na spotkaniu traderów kryptowalut, w którym ostatnio uczestniczyłem w Nowym Jorku. Jak widzieliśmy na innych rynkach, spodziewamy się, że spready będą się zmniejszać z czasem.

Nie jest to próba krytyki giełdy. Jest to natomiast ostrzeżenie dla traderów. Jest to szczególnie ważne dla nowych traderów i inwestorów, którzy często nie są świadomi tego, z czym mają do czynienia podczas zawierania transakcji. Giełdy odgrywają ważną rolę na rynku i pamiętaj, że świat kryptowalut pozostaje stosunkowo nowy i jest wiele do poprawy.

ROZDZIAŁ 7
Bezpieczeństwo Twojego Konta

W przypadku kryptowalut większość odpowiedzialności za bezpieczeństwo spoczywa na Tobie, indywidualnym użytkowniku. Jeśli zdecydujesz się skorzystać z giełdy, odegra ona swoją rolę, ale w końcu to Ty jesteś za wszystko odpowiedzialny. Jednym z powodów, dla których bezpieczeństwo jest tak dużym problemem w przypadku transakcji na blockchainie, jest to, że są one niezmienne i nie można ich anulować po wykonaniu. Na przykład, przez pomyłkę wysyłasz środki innej osobie, to jeśli ta osoba nie zechce ich zwrócić, stracisz je. To jest korzyść i ryzyko związane z kryptowalutami.

Dlaczego Potrzebny jest Cały Rozdział Dotyczący Bezpieczeństwa?

W ciągu ostatnich kilku lat skradziono ponad 1 miliard dolarów w kryptowalutach. Największa kradzież miała miejsce na Coincheck w 2018 roku, z którego skradziono $500 milionów. Mt. Gox oszacował stratę w wyniku kradzieży na $480 milionów, a Parity Wallet w 2017 padło ofiarą kradzieży $155 milionów. Wymieniłem tylko kradzieże, które są powszechnie _znane_.

Przykłady Typowych Metod Ataku

- Phishing: Dane użytkownika, w tym 2FA (uwierzytelnienie dwuskładnikowe), są kradzione na fałszywej stronie, zazwyczaj za pośrednictwem poczty e-mail. Szczegóły są później wprowadzane do prawdziwej strony po przechwyceniu ich z fałszywej strony.

- Wirusy keylogery śledzą dane logowania użytkownika, gdy Ci się logują, a następnie włamują się do konta.

- Wirusy kopiowania i wklejania przejmują funkcję wklejania, powodując wpisanie adresu portfela osoby atakującej podczas przesyłania środków.

- Strony ICO bywają kopiowane przez oszustów, dlatego należy zachować szczególną ostrożność podczas uczestnictwa w ICO. Sprawdź, czy używane przez Ciebie strony są prawdziwe.

Średnie i Zaawansowane Praktyki Bezpieczeństwa

- Nie pozwól sobie nic wyłudzić. Nigdy nie klikaj linków, ani nie loguj się z wiadomości mailowej

- Nie używaj swojego głównego adresu e-mail na koncie do handlu kryptowalutami

- Zawsze do wszystkiego używaj uwierzytelnienia dwuskładnikowego

- Użyj różnych adresów e-mail dla każdej giełdy kryptowalutowej

- Korzystaj z zaufanego oprogramowania antywirusowego i unikaj podejrzanych stron, które mogą zagrozić Twojemu komputerowi

- Wypłać z giełdy kryptowaluty, którymi nie planujesz handlować w najbliższym czasie
- Używaj oddzielnego komputera, który jest używany tylko do handlu kryptowalutami
- Przechowuj jak najwięcej kryptowalut w portfelu sprzętowym
- Portfele Aplikacyjne na komputerze są dobre, ale zrób kopię zapasową kluczy prywatnych

Cryptojacking?

Jest to jedna z nowszych form działania na czyjąś szkodę związana z kryptowalutami. Polega na wykorzystaniu komputera do kopania kryptowalut bez zgody jego właściciela. Mówiąc bardziej bezpośrednio, Twój komputer został przejęty, aby kopać kryptowaluty dla kogoś.

Złodzieje Ci wgrywają program na Twój komputer przez przeglądarkę podczas odwiedzania zainfekowanej strony. Wkrótce potem Twoja maszyna zaczyna rozwiązywać problemy obliczeniowe, które generują nagrody za wydobycie kryptowalut dla krypto-jackerów. Jak się możesz domyślić, nie podzielą się oni z Tobą swoimi zdobyczami.

Twoja Obrona

Uważnie obserwuj menedżera zadań na komputerze. Istnieje kilka rozszerzeń przeglądarki, które pomogą Ci się zabezpieczyć. Jednym z nich jest MinerBlock ze sklepu internetowego Chrome. Blokuje kopiących kryptowaluty z Twojej przeglądarki.

ROZDZIAŁ 8
Nowy Świat Kryptowalut Wspieranych Przez Rząd

Nie minęło dużo czasu, zanim gorączka kryptowalut zaczęła zarażać rządy na całym świecie. Kilka z nich niedawno ogłosiło zamiar wydania własnych kryptowalut. To zdumiewający zwrot ze strony tych, którzy wydawałoby się mogliby być zainteresowani powstrzymaniem rozprzestrzeniania się kryptowalut.

Krajobraz Polityczny

Wenezuela uruchomiła swoją kryptowalutę wspieraną przez zasoby tego kraju, które składają się głównie z ropy i gazu. Nazywa się Petro i naśladuje niektóre funkcje Bitcoina. Wenezuela, jak wiele osób wie, cierpi z powodu długiej listy problemów ekonomicznych. Sankcje amerykańskie tylko pogorszyły sytuację, a prezydent Nicolás Maduro nie próbował ukrywać swojego celu, że kryptowaluta Petro miała je obejść.

Rosja również ogłosiła swój cel wprowadzenia krypto rubla. Cel jest podobny do celu Wenezueli, który polega na ominięciu obecnych lub przyszłych sankcji. Rosja nie znajduje się jednak w równie krytycznej sytuacji jak Wenezuela. Z tego, co widzę Rosjanie się nie spieszą, w przeciwieństwie do Wenezueli, która już swą kryptowalutę wypuściła.

Nie da się też pominąć faktu, że nawet Bank Anglii (BOE) niedawno ujawnił, że bada opcję stworzenia własnego krypto. Jestem zdania, że wiele innych banków centralnych również bada możliwość wprowadzenia własnych walut cyfrowych.

Reakcja

Ogólne podejście w świecie kryptowalut i moim jest takie, że ta podróż naprzód ma kilka ideologicznych i praktycznych barier. Najbardziej oczywiste jest to, że jeśli te rządowe kryptowaluty mają naprawdę zastąpić Bitcoina lub jakąkolwiek kryptowalutę, to zaprzeczałyby to niektórym z najważniejszych cech świata kryptowalut, którymi są posiadanie zdecentralizowanej i nie wymagającej uprawnień księgi rachunkowej. Brak potrzeby pozwolenia jest szczególnie niepodlegające negocjacjom dla entuzjastów kryptowalut. Już samo to doprowadzi do starcia stron, ponieważ jedną z rzeczy, której rządy nie mogą się oprzeć, jest smak kontroli. W istocie, dzięki tym wspieranym przez państwo kryptowalutom, grają w cyfrowe przebieranki za pomocą swojej waluty fiducjarnej. Nie lubisz euro? Nie ma problemu, mamy ją teraz dla Ciebie w formacie kryptograficznym. Zmienili nazwę i opakowanie, ale DNA kontroli rządu pozostaje. Wielu wspominało o innej oczywistości, a mianowicie jeśli system zostanie zhakowany (możemy prawie zagwarantować, że będą ciągłe próby), kto pokryje straty? Czy rządy są gotowe do wypłaty odszkodowań, gdy otworzy się puszka Pandory z kryptowalutami wspieranymi przez państwo?

Uruchomienie

Od czasu premiery PetroCoina w drugim kwartale 2018 gracze na rynku zaczęli zwracać większą uwagę na Wenezuelę. Jak dotąd odbiór rynku jest zróżnicowany, ale na wydanie ostatecznego werdyktu jest jeszcze za wcześnie. Jestem pewien, że hakerzy również z niecierpliwością czekali na uruchomienie projektu. Moja rada dla władz Wenezueli jest tylko jedna: Uczyń porażkę możliwą do przetrwania. Z purystycznego punktu widzenia kryptowalut każda scentralizowana kryptowaluta to zwykły przebieraniec.

ROZDZIAŁ 9

Czego Się Spodziewać Po Kryptowalutach w Najbliższej Przyszłości

Celowo napisałem czego się spodziewać w najbliższej przyszłości, gdyż moim zdaniem dokonywanie długoterminowych predykcji w temacie kryptowalut jest głupim posunięciem. Jesteśmy na bardzo wczesnym etapie przejścia od całkowitej, niegdyś niekwestionowanej, wiary w waluty emitowane przez rząd w potencjał, jaki mają nam do zaoferowania kryptowaluty. Podobnie jak w przypadku walut fiducjarnych, wiara i zaufanie do systemu mają bardzo istotne znaczenie. Niemal niewiarygodne zyski, których doświadczyło wiele kryptowalut, to połączenie wielu czynników, w tym najświeższych wiadomości, spekulantów i propozycji wartości poszczególnych kryptowalut. Pokuszę się o stwierdzenie, że głównym czynnikiem jest rosnące zaufanie ogółu społeczeństwa i sektora finansów instytucjonalnych. Dla przykładu w 2017 roku francuska firma Tobam uruchomiła pierwszy w Europie fundusz inwestycyjny Bitcoin. Jednakże zaufanie jest tym czym jest, tak więc zawsze może zostać utracone. Musisz więc zapiąć pasy, ponieważ dla wszystkich zysków powyżej 900% rynek może spowodować odwrót o takiej samej lub większej sile, jeśli ponownie wystąpi problem zaufania w ekosystemie kryptowalut.

Mniej Szaleństwa ICO

Gorączka złota związana z ICO zostanie ukrócona i zobaczymy więcej samodyscypliny ze strony obecnych graczy na rynku. Już teraz obserwujemy jak organy regulacyjne w Stanach Zjednoczonych, Europie oraz innych krajach ustanawiają nowe regulacje. Regulatorzy publiczni i rządowi mają swoje granice wobec tego co są w stanie tolerować. Widzimy też na całym świecie więcej przeszukań, identyfikacji oraz rozpraw sądowych z oskarżenia władz w sprawie oszustw ICO. To świetna wiadomość dla większości ludzi, natomiast nieszczęśliwi są na pewno oszuści.

Więcej Regulacji

Niedawno poinformowano mnie o liczbie agencji, które domagają się większych kompetencji nad kryptowalutami. Tylko w samych Stanach Zjednoczonych, masz FinCEN Departamentu Skarbu, Komisję Papierów Wartościowych i Giełd oraz Urząd Skarbowy (IRS). Historia staje się bardziej dziwaczna, ponieważ regulatorzy nie są nawet zgodni co do tego, czym jest Bitcoin. Na przykład IRS traktuje go jako własność, a Komisja ds. Handlu Kontraktami Terminowymi na Towary mówi, że jest to towar. Dla uczestników rynku wprowadza to duże zamieszanie. Jednak nawet przy takim zamieszaniu, istnieje potrzeba bardziej odpowiednich regulacji dla tego rozwijającego się rynku, aby zwiększyć zaufanie szerszych rynków detalicznych i instytucjonalnych. Powinno to również obejmować szybkie i surowe kary dla osób dopuszczających się oszustw.

Patrząc na regulacje często można zauważyć, że istnieje wzór, który podąża za innowacjami rynkowymi, takimi jak kryptowaluty. Najpierw mamy Dziki Zachód, a w nim nadmierną ilość regulacji w celu uspokojenia opinii publicznej. Później zaczynają przeważać chłodniejsze głowy i następuje wycofanie niektórych przepisów, a ostatecznie kończy się dobrze funkcjonującym balansem.

Rozszerzone Praktyczne Zastosowanie Kryptowalut

Mitem numer jeden i moim zdaniem największym o kryptowalutach jest to, że nie mają one praktycznych zastosowań. W rzeczywistości kilka głównych kryptowalut ma rzeczywiste zastosowania, które mają związek z ulepszaniem istniejących już sektorów na rynku. Starsze firmy, które propagują mit "braku praktycznych zastosowań" rzadko są zadowolone z innowacji, które nie pochodzą od nich samych i szybko dyskredytują każdego rywala.

W styczniu 2018 firma MoneyGram, zajmująca się przelewami pieniężnymi, zgodziła się przetestować Ripple ze względu na szybkość wykonywania transakcji. Ripple został zaprojektowany, aby przyspieszyć przekazy pieniężne i transakcje międzynarodowe. Zmniejsza zarówno czas, jak i koszty przelewu pieniędzy. Ponieważ był to tylko test, będziemy musieli poczekać na ostateczne wyniki, ale wyraźnie dowodzi on, że istnieją realne zastosowania kryptowalut.

Innym przykładem jest sytuacja, w której Ethereum został użyty do wykonania transakcji na rynku nieruchomości. Zrobiło się o tym głośno, gdy założyciel TechCrunch wykorzystał kryptowalutę oraz inteligentny kontrakt* na zakup mieszkania na Ukrainie bez konieczności podróżowania do tego kraju.

***Inteligentne Kontrakty:** Służą do zarządzania umowami między ludźmi, realizując umowę, gdy zostaną spełnione wspólnie uzgodnione warunki.

Większe Wykorzystanie Kryptowalut na Rynkach Wschodzących

Prawdopodobnie będziemy świadkami dalszego rozprzestrzeniania się kryptowalut na rynkach wschodzących. Dzieje się tak, ponieważ kryptowaluty nie są kontrolowane przez żaden kraj ani bezpośrednio powiązane z prawnym środkiem płatniczym żadnego rządu. Praktyczne zastosowanie tego oznacza, że jeśli chwiejny rząd upadnie, wartość kryptowaluty, takiej jak Bitcoin, w większości przypadków pozostanie nietknięta. Ta korzyść może wydawać się niepotrzebna dla Twojego nieźle rozwiniętego zachodniego kraju, ale w niestabilnych krajach funkcja decentralizacji kryptowalut ma bardzo realne i praktyczne zastosowanie.

Czego Chciałbym Zobaczyć Więcej?

Poniżej opiszę to czego chciałbym zobaczyć więcej na rynku kryptowalut w najbliższej przyszłości.

1. Giełdy poprawią zarówno bezpieczeństwo, jak i zdolność radzenia sobie ze skokami popytu. Mimo, że giełdy kryptowalut nie są poddawane takiemu samemu poziomowi kontroli, jak tradycyjne giełdy, dalsze poruszanie tego problemu bezpieczeństwa będzie coraz ważniejsze. Dlaczego? W branży kryptowalut jest

wystarczająco dużo smutnych opowieści o włamaniach i kradzieży milionów. Trudno też wskazać jakikolwiek region na świecie, który by temu przewodził. Dzieje się tak na Wschodzie, ale także na Zachodzie, zarówno na dużych, jak i małych giełdach. W przeciwieństwie do środków w lokalnym banku, jeśli Twoje konto zostanie zhakowane na giełdzie, istnieje bardzo mało możliwości odzyskania tych pieniędzy i w czasie pisania tej książki nie ma na rynku dostępnego ubezpieczenia od takiej straty. Wszyscy wiedzą, że hakerzy specjalnie polują na konta kryptowalut, dlatego ochrona musi zostać wzmocniona. Zagrożenia wewnętrzne to kolejny zestaw problemów, od wykorzystywania informacji poufnych po inne nadużycia finansowe pracowników.

Kilka regulowanych i większych giełd miało problemy pod wpływem popytu na nowe konta podczas ostatnich eksplozji na rynku. Tym razem ujdzie im to na sucho, ale ile razy opinia publiczna lub osoby u władzy pozostaną tak wyrozumiałe?

2. Jesienią 2017 roku uruchomiono kontrakty terminowe na Bitcoina i ciekawie będzie zobaczyć, jak się to dalej potoczy. Opinia publiczna domaga się bardziej regulowanego rynku i byłoby to dobre rozwiązanie, ponieważ obrót na giełdzie kontraktów terminowych polega na regulacjach. Jest to również pierwszy raz, kiedy inwestujący w Bitcoina mogą zabezpieczyć swoją pozycję na rynku regulowanym. Mogą teraz też zająć drugą stronę na rynku, poprzez shortowanie.

3. Więcej kryptowalut, które eliminują zapotrzebowanie na górników. Obecnie większość wydobywania bitcoinów jest wykonywana przez niewielką grupę firm. Sytuacja nie jest zdrowa na rynku, ponieważ Ci potentaci mogą wykorzystać ten wpływ w niepożądany sposób.

4. Poprawa szybkości transakcji wydaje się przyciągać uwagę wielu influencerów z branży. Nawet dla fanów Bitcoina problemem może być stosunkowo wolne tempo rutynowej transakcji. Jest kilka kryptowalut, które zajmują się tymi wyzwaniami i nie mogę się doczekać, aby zobaczyć, jak rozwiną się ich historie.

ROZDZIAŁ 10
Strefa Krypto Tradera

Wprowadzenie

Poniżej znajdziesz treść, która bardzo mocno dotyczy handlu kryptowalutami. Informacje te będą przydatne dla osób bez doświadczenia w tradingu. Ci, którzy już handlują uzyskają dodatkowe informacje na temat rynku kryptowalut.

ROZDZIAŁ 11
Handel Bitcoinami i Altcoinami

Kryptowaluty są bardzo zmienne, co jako traderzy bardzo kochamy. Dlaczego tak jest? Jeśli dokonasz transakcji i nic się nie wydarzy, to zwyczajnie zapłaciłeś brokerowi marżę za darmo. Trading to biznes i powinieneś go traktować jako taki, abyś mógł odzyskać koszt transakcji (marża), więc zmienność działa na Twoją korzyść.

Wszelkie pogłoski i paniki zwiększają zmienność. Może również istnieć ekstremalna wrażliwość na wiadomości, co pokazuje około 20% nietypowych ruchów na rynku każdego dnia. Jesienią 2017 roku, nawet jak na standardy kryptowalut, zmienność, którą widzieliśmy, była zdumiewająca.

Zalety

Z reguły nie ma minimalnych wielkości transakcji, w przeciwieństwie do handlu akcjami, towarami lub na rynku spot forex. Możesz także dokonywać krótkiej sprzedaży, dlatego zarówno wzrost, jak i spadek na rynku są dla Ciebie w porządku. Inne zalety to możliwość bezpośredniego handlu na giełdach, nie są Ci potrzebni brokerzy. Możesz handlować 24 godziny na dobę, 7 dni w tygodniu, co oznacza nawet więcej godzin handlu niż na rynku spot. Oczywiście płynność nie jest równa w ciągu dnia, niektóre pory dnia są bardziej płynne od pozostałych.

Sesja Giełdowa

Handluj ostrożnie! Na razie handlujesz głównie przeciwko niedoświadczonym traderom, ale sytuacja się zmienia. Jesienią 2017 roku we Francji uruchomiono pierwszy w Europie fundusz inwestycyjny Bitcoin. Istnieją również doniesienia o kilku funduszach hedgingowych i prywatnych z ogromnymi środkami, które przygotowują się do wejścia na rynek.

Przewidywanie Tendencji Rynkowych

Wejście na rynek Bitcoina i kryptowalut w "idealnym momencie" jest niemożliwe. Wielocyfrowe zyski każdego tygodnia to mrzonka. Korzystanie tylko z analizy technicznej oraz fundamentów nie przyniesie Ci zadowalających wyników. Spróbuj kupować w okresach paniki na rynku. Wzrosty na Bitcoinie po okresach paniki były bardzo dochodowe. Jedną z taktyk radzenia sobie ze zmiennością jest ustawienie alertów cenowych dla znaczących ruchów cen. Sugeruję, aby budować swoje bogactwo stopniowo, gdyż w kryptowalutach jego budowa wymaga czasu. Na tyle na ile to możliwe, zignoruj szaleństwo Dzikiego Zachodu. Jeśli Twoja pozycja na rynku kryptowalut osiągnęła 100% zysku, wyjmij chociaż część z tego. Jeśli nie miałeś istniejącej pozycji, po poważnym przełamaniu w górę, kupuj po korektach. Najlepsze możliwości są dostępne dla osób świadomych i mniej emocjonalnych. Jest to szczególnie prawdziwe w przypadku traderów, którzy nie wytrzymują presji przy 40-50% spadkach.

Dźwignia Finansowa

Dźwignia finansowa? Używaj jej ostrożnie i tylko z podmiotami, które oferują niezawodne stop lossy. Bitcoin i ogólnie kryptowaluty to aktywa, które mogą poruszać się o 20-30% (w dowolnym kierunku) w niektóre dni, dlatego Twoje konto może łatwo zostać rozwalone. Tracisz pieniądze, gdy zostaniesz wykupiony, a to może się łatwo zdarzyć przy wysokiej dźwigni. Sedno jest takie, pozostań w grze i wszelkie długoterminowe shortowanie wykonuj ze szczególną ostrożnością, pamiętając o wszystkich "śmierciach" Bitcoina.

Pamiętaj Zanim Zaczniesz Inwestować w ICO

Pamiętaj, że w przypadku ICO nikt nie wie na pewno, który z nich okaże się sukcesem. Jeśli zainwestujesz w 5, jest bardzo duża szansa, że tym 4 się nie powiedzie, ale ten 5 okaże się sukcesem i zrobisz zwrot z inwestycji 10x lub więcej. 10x oznacza, że jeśli zainwestowałeś 10 milionów dolarów to przy sprzedaży wygenerujesz łącznie 100 milionów dolarów.

Mała wskazówka: W przypadku ICO lub podstawowych transakcji wysyłaj ułamek płatności, aby przetestować przelewy. Poćwicz wysyłanie .001 dla pierwszych kilku transakcji, możesz zacząć od przelewów Bitcoina do 8 miejsc po przecinku.

Należy mieć świadomość, że wiele z ostatnich przedsięwzięć wspieranych przez kapitał wysokiego ryzyka nie wprowadziło jeszcze swoich produktów na rynek. Ponadto, pełne możliwości wykorzystania BTC i altcoinów jest właśnie badane. Wielu uważa, nie bez powodu, że jakaś inna kryptowaluta przewyższy swoją wartością Bitcoina. Ich przekonanie bazuje na tym, iż rzadko w technologii pierwszy gracz po 5-10 latach pozostaje dominującym graczem. Podsumowując, jesteśmy na bardzo wczesnym etapie walut cyfrowych.

ROZDZIAŁ

12 Taktyki Tradingowe

W tym rozdziale omówimy główne powody, dla których inwestorzy tracą pieniądze, a co najważniejsze, powiemy jak temu zapobiec.

Nierealistyczne Oczekiwania: Podczas rozpoczynania przygody z tradingiem, podobnie jak w przypadku wielu innych rzeczy, ważne jest, aby mieć realistyczne wyobrażenie o tym, z czym masz do czynienia. Nierealistyczne oczekiwania mogą przybrać postać kogoś, kto zaczyna z rachunkiem mini-tradera o wartości $1000-2000 i oczekuje wzbogacenia się z dnia na dzień.

Możesz nawet zacząć od 100 lub 200 dolarów, nie ma w tym nic złego. Nie należy jednak przy takich kwotach oczekiwać, że w ciągu kilku dni będzie się mieć po 1000-2000 dolarów na swoich kontach. Istnieją firmy, które wspominają lub obiecują takie wyniki. Nie twierdzę, że jest to niemożliwe, twierdzę, że jest to mało prawdopodobne. Ważne jest, abyś miał poczucie rzeczywistości, gdy zajmujesz się tradingiem.

Brak Planu: Wiele osób uważa, że "brak planowania to planowanie niepowodzenia". Mając dobry plan, Twój trading jest zgodny z Twoimi założeniami i istnieje większa szansa na osiągnięcie oczekiwanych wyników. Plan w tradingu jest niezbędny, ponieważ bez niego narażasz się na potencjalnie ogromne straty. Bez planu nie ma sensu wchodzić na giełdę.

Zbyt Duże Ryzyko: Może to być osoba, która ma na koncie 100 dolarów lub nawet 100,000. To nie kwota sama w sobie jest tutaj istotna, ale kwota, którą ryzykujesz w stosunku do dostępnych środków. Zaczynasz z pozycji osoby, dla której najważniejsze powinno być "przetrwanie porażki". Koncepcja ta opiera się na założeniu, że Twoje straty nie powinny być katastrofalne w skutkach. Na przykład żadna pozycja nie powinna wykorzystywać więcej niż 5 lub 6% dostępnego kapitału spekulacyjnego. Oznacza to również, że jeśli skusisz na skorzystanie z dźwigni finansowej, to ryzykowana kwota powinna być niewielka.

Mylenie Tradingu z Inwestowaniem: W latach, gdy byłem bankierem, miałem niezliczonych klientów, którym musiałem wielokrotnie podkreślać, że nie powinni mylić tych dwóch rzeczy. Trading polega na krótkoterminowym zarabianiu pieniędzy, jest działalnością generującą dochód, wchodzisz i wychodzisz z transakcji. Inwestowanie jest bardziej długoterminowe i zwykle trwa co najmniej rok. Może się zdarzyć, że niektóre z Twoich celów inwestycyjnych wynikają z Twojego tradingu, ale nie myl tych dwóch rzeczy. Niektórym może się to wydawać proste, ale biorąc pod uwagę swoje doświadczenie w doradzaniu klientom na całym świecie, wciąż jest wiele osób, które mylą trading z inwestowaniem.

Rozwiązania:

Można rozmawiać o problemach i wyzwaniach, ale oczywiście potrzebujemy dla nich rozwiązań.

Niska Dźwignia: Aby uniknąć problemu ponoszenia zbyt dużego ryzyka, sprawdzonym rozwiązaniem jest wykorzystanie niskiej dźwigni. Utrzymujesz dźwignię na niskim poziomie, ponieważ daje to czas na myślenie, pozwala na skuteczniejszą reakcję, a ponadto jesteś znacznie mniej podatny na zmiany na rynku.

Skalowanie Pozycji: Skalowanie pozycji to jedna z moich ulubionych strategii. Używam jej do inwestowania, a także do tradingu. Teoria, która kryje się za skalowaniem polega na tym, że pozwalasz rynkowi podpowiadać Ci co masz zrobić. Dla przykładu, planuję kupić 250 altcoinów GCMS po przeprowadzeniu analizy technicznej i fundamentalnej. Jak zacząć? Zacząłbym od pozycji 25 lub 50 sztuk i pozwoliłbym rynkowi potwierdzić, czy dobrze zrobiłem. Jeśli kupiłem kryptowaluty GCMS po $100 za sztukę i nagle ich cena wzrosła do $125, to super, właśnie rynek potwierdził, że podjąłem właściwą decyzję. Korzystając z tego przykładu, gdybym zaczynał z 25 kryptowalutami, dodawałbym kolejne 25 lub 50 i powtarzałbym cały proces, aż osiągnąłbym swój cel 250 kryptowalut.

Znajdą się tacy, którzy powiedzą, że nieco przegapiłem przejście z wartości $100 na $125, ale będąc cierpliwym, jestem też lepiej zabezpieczony. Z drugiej strony, wracając do skalowania, wyobraźmy sobie, że rynek poruszył się przeciwko mnie i zamiast już od początku zaryzykować posiadaniem 250 kryptowalut, których cena spada, miałbym ich tylko 25. Oczywiście gdzieś istnieje kompromis w tym wszystkim, ale moje doświadczenie wskazuje, że większe korzyści długofalowo odnoszą osoby korzystające ze strategii skalowania.

Inny przykład, powiedzmy, że kupiłeś 100 kryptowalut po 100 dolarów za sztukę i cena nagle spada do 90. Moim zdaniem, zamiast sprzedawać wszystko od razu, powinieneś rozważyć sprzedaż tylko 25 lub 30 jednostek, ponieważ spadek może być spowodowany przesadzoną reakcją rynku. Istnieje kilka rzeczy, którą mogą wpływać na taki obrót zdarzeń, na przykład fałszywa plotka, a Ty z tego powodu znowu pozwolisz rynkowi poprowadzić Cię niewłaściwą ścieżką. Oczywiście, jeśli cena nadal spada i zaczyna to już wykraczać poza Twój mentalny stop loss, wtedy decydujesz się na ostateczne wyjście.

Handluj na Płynnych Rynkach: Nie jestem w stanie zaakcentować jak ważne jest handlowanie na płynnych rynkach. Wykonanie jednej ryzykownej transakcji (kapitałem bardzo wysokiego ryzyka) jest w porządku, o ile jesteś świadomy tegoż ryzyka. Jednak w przypadku regularnego handlowania, kryptowaluty z niską płynnością według standardów branżowych nie są moim pierwszym wyborem. Płynność jest niezwykle istotna, zwłaszcza dla tradera. W przypadku inwestowania nie jesteś tak podatny na uwarunkowania dotyczące czasu, natomiast w przypadku tradingu możesz być zmuszony do dokonywania nagłych ruchów, dlatego warto posiadać kryptowaluty, które łatwo upłynnić.

Płynność, żebyśmy się dobrze zrozumieli, to możliwość łatwego wchodzenia i wychodzenia z pozycji. Uczestnictwo w rynku oraz posiadanie zysków na papierze jest cudowne. Jeśli jednak przychodzi czas na wypłatę tych papierowych zysków, a Ty nie jesteś w stanie tego zrobić, to jest to kiepska sytuacja, w której nigdy nie powinieneś się znaleźć. Z drugiej strony, jeśli przegrywasz i nie możesz wyjść z tej pozycji, sytuacja może zamienić się w koszmar. Nie ma dla mnie znaczenia kto Ci udziela wskazówek i jakie blogi inwestycyjne czytasz. Musisz handlować kryptowalutami, które łatwo jest upłynnić, nie ma innej drogi.

Wybór Kryptowalut: Wybierz kilka i dobrze się z nimi zapoznaj. Jak możesz sobie wyobrazić, żaden trader nie handluje jednocześnie 600 różnymi kryptowalutami. Wiele osób zaczyna od kryptowalut, handlując tymi najbardziej znanymi, na przykład Bitcoinem czy Ethereum. Po pewnym czasie, handlując kilkoma wybranymi kryptowalutami, będą one Ci znane i uzyskasz głębsze wyobrażenie o tym, jak się zachowują.

ROZDZIAŁ 13
Połączenie Wszystkiego w Całość

Traderzy muszą mieć system. Prześledzimy i połączymy różne aspekty systemu tradingowego.

Platforma Tradingowa: Wybór platformy tradingowej jest ważny, ponieważ platforma jest pojazdem, którego używasz do prowadzenia handlu. Z racji tego, iż handel odbywa się online, ważne jest, abyś korzystał z platformy, która pasuje do Twojego stylu. Może obejmować ona wiele aktywów lub być taką, która jest bardziej podstawowa. Powinieneś też wiedzieć kto stoi za platformą. W przypadku kryptowalut masz możliwość korzystania z platformy tradingowej lub bezpośrednio z giełdy. Na rynku regularnie pojawiają się nowe giełdy i w zależności od swojego kraju zamieszkania trzeba być bardzo ostrożnym przy wyborze. Najlepiej będzie Ci uzyskać rekomendację od kogoś komu ufasz. Może to być Twój znajomy lub dobry doradca kryptowalutowy, który zjadł już na tym rynku zęby.

Cele: Bez celów naprawdę trudno jest rozpocząć trading. Analogia, którą słyszałem i której lubię używać w odniesieniu do celów, jest taka, że bez nich to tak samo jak pójść do kasy kolejowej i powiedzieć "daj mi bilet". Oczywiście Pani w kasie zapytałaby "bilet dokąd?" Celami krótkoterminowymi mogą być tygodniowe lub miesięczne zyski. Są one kwestią indywidualną. Cele muszą odpowiadać Twojemu stylowi i wysokości kapitału podwyższonego ryzyka dostępnego dla Ciebie do tradingu.

Cele długoterminowe są często związane ze strategią inwestycyjną. Są one również powiązane z celami krótkoterminowymi, ponieważ cele długoterminowe powinny opierać się na krótkoterminowych celach zysku. Musi istnieć tutaj dopasowanie, ponieważ jeśli masz tygodniowy cel 100 dolarów zysku, a miesięczny cel 1000 dolarów zysku, to istnieje rozbieżność, którą należy się zająć.

Przygotowanie Psychiczne: Musisz być psychicznie gotowy do tradingu. Jeśli masz zamiar handlować i jesteś spięty lub zdenerwowany, musisz odpocząć od tradingu. Idź pomedytować, poćwicz, zrób coś innego, ale ważne jest, aby nie handlować, dopóki nie będziesz psychicznie gotowy. W tradingu musisz mieć nastawienie, aby nie brać rzeczy do siebie. Wyrzuć emocje z handlu, Twoim jedynym celem jest po prostu zarabianie pieniędzy.

Określ Swój Poziom Tolerancji Ryzyka: Jak wiele jesteś skłonny zaryzykować w każdej transakcji? Ważne jest, by pamiętać o złotej zasadzie traderów "brak pieniędzy, brak tradingu". Nie ma znaczenia co mówią Ci inne osoby, nie masz pieniędzy, nie handlujesz i trzeba to potraktować bardzo poważnie. Jest to związane z Twoją tolerancją na ryzyko. Dla przykładu, jeśli Twoje saldo wynosi $10,000, a chcesz zaryzykować 1%, to kwota ta wynosi 100 dolarów. Oznacza to, że dla swojego kapitału ryzyka, niezależnie od tego, czym handlujesz, ustawiając stop loss (mentalny lub na platformie), nie powinien on przekraczać $100.

Dokonaj Starannych Przygotowań: Zaczął się nowy dzień, komputer jest włączony, co się stało w nocy? Co się stało na rynku kryptowalut? Powinieneś być świadomy informacji, które pojawiły się z dnia na dzień, a co ważniejsze, jak zareagowały na nie rynki. Czasami, to co w teorii powinno być dobrą wiadomością, powoduje, że rynki reagują negatywnie.

Jak określić swój poziom wejścia: Znajomość poziomów wejścia oznacza, że masz dobry powód do każdej transakcji, której dokonujesz. Jeśli nie masz dobrego powodu, proponuję Ci wziąć swoje pieniądze i przekazać je organizacji charytatywnej. Wybierając poziom wejścia, potrzebujesz właściwego stosunku ryzyka do zysku, który powinien odpowiadać Twojej tolerancji na ryzyko. Pod uwagę brana jest również analiza techniczna/fundamentalna. Poziomy wsparcia i oporu oraz wiadomości są niezbędne przed wykonaniem jakiejkolwiek transakcji. Jeśli handlujesz kryptowalutami, musisz być świadomy tego, gdzie znajdują się linie wsparcia i oporu w przedziale czasowym, w którym handlujesz.

Znaj Swoje Poziomy Wyjścia: Jaki masz cel zysku? Jest to tysiąc lub kilka tysięcy dolarów? Musisz być tego świadomy. Kiedy ustawiasz stop loss, aby kontrolować straty, pierwszą rzeczą do zrobienia jest upewnienie się, że mieszczą się one w Twoich parametrach. Podobnie jak w przypadku poziomu wejścia, powinieneś znać analizę fundamentalną, poziomy wsparcia i oporu, a także złotą zasadę innych traderów, która brzmi "ogranicz swoje straty i pozwól zyskom płynąć". Wielu traderów twierdzi, że zyski dbają same o siebie, ale musisz uważnie obserwować straty.

Prowadź Dziennik: Może to nie być opcja dla wszystkich, ale jest to coś, czego używam do rejestrowania moich transakcji. Obejmuje kilka rzeczy, w jakim momencie wszedłem w transakcję, mój poziom wyjścia i dlaczego uważałem, że transakcja była dobrym pomysłem, kiedy w nią wchodziłem. Przeglądając swój dziennik, zaczniesz wykrywać wzorce i schematy, gdy się pojawią. Możesz usunąć schemat, który nie działa, lub rozwinąć ten, który działa, co bardzo pomaga to w ulepszeniu transakcji.

Oceń Swoje Wyniki: Przejrzyj swój dzienny zysk lub stratę. Jest to ważne, ponieważ trading może być przyjemny, ale ostatecznie jest biznesem, a w nim chodzi o to, aby osiągnąć zysk. Jeśli podczas przeglądu zysków/strat odkryjesz, że nie jest to coś czego oczekiwałeś, Twoim obowiązkiem jest dowiedzieć się, dlaczego. Musisz także wiedzieć, co kryło się za Twoimi dobrymi wynikami. Może to był czysty przypadek, a jeśli tak było, to świetnie, ale szczęście zwykle nie jest trwałą strategią handlu. Sugeruję zatem dokładne przejrzenie swojego dziennika, tak jak robię to ja. Czy za Twój dobry wynik odpowiadały wiadomości rynkowe? A może chodziło o rozmiar pozycji. Te czynniki mogą wpływać na wyniki.

ROZDZIAŁ 14
Narzędzia Do Analizy Technicznej Kryptowalut

Kluczową kwestią do zarabiania pieniędzy za pomocą analizy technicznej jest identyfikacja trendu i tradowanie wraz z nim. Trendy pokazują, gdzie ceny będą najprawdopodobniej podążać w przyszłości. Jeśli trend kryptowaluty zmierza w górę, musisz kupić kryptowalutę, aby zarobić na niej pieniądze. Jeśli trend kryptowaluty zaczyna spadać, musisz sprzedać kryptowalutę, aby zarobić. Jeśli trend kryptowaluty jest taki, że cena zmienia się w bardzo wąskich przedziałach, bez wyraźnego kierunku, musisz albo składać zlecenia warunkowe (nie transakcje), albo poczekać, aż ustali się wyraźny trend w górę lub w dół przed rozpoczęciem tradingu. Nigdy nie zaleca się tradowania wbrew trendowi, a jeśli zdecydujesz się to zrobić, w większości przypadków będzie to dla **Ciebie** kosztowne doświadczenie.

Trendy zwykle nie idą prosto w górę lub w dół w sposób bezpośredni. Zwykle poruszają się w jednym kierunku przez pewien czas, a następnie tymczasowo powracają (odwracają) część poprzedniego ruchu, zanim powrócą do pierwotnego kierunku. Za każdym razem, gdy kryptowaluta się cofa i zaczyna poruszać się w przeciwnym kierunku, tworzy się nowe maksimum lub nowe minimum. Na przykład w przypadku kryptowalut, nowe szczyty powstają, gdy kryptowaluta przesuwa się wyżej, a następnie obraca się i porusza w dół. Nowe dołki powstają, gdy krypto przesuwa się w dół, a następnie obraca się i porusza w górę. Identyfikacja tych punktów pozwala określić, czy krypto znajduje się w trendzie wzrostowym, spadkowym czy bocznym, czyli tam gdzie zakresy cen zmieniają się nieznacznie.

Trendy wzrostowe – Rynki, które wykazują tendencję wzrostową, tworzą serię wyższych szczytów i wyższych dołków.

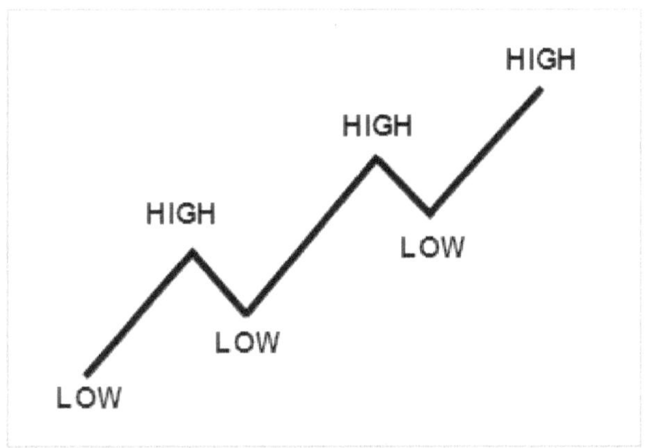

Trendy spadkowe – Rynki, które wykazują tendencję spadkową, tworzą serię niższych szczytów i niższych dołków.

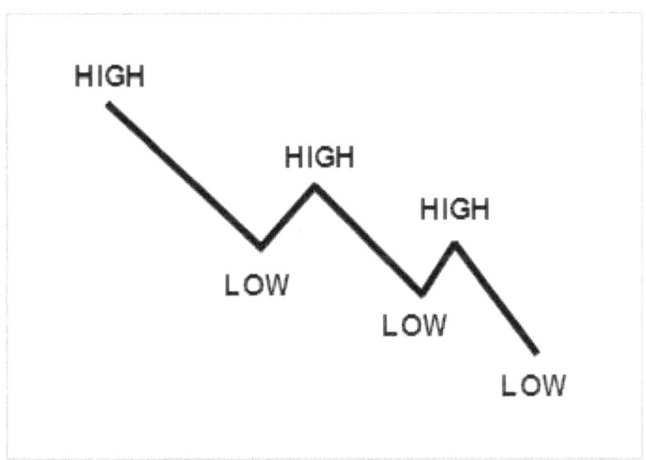

Trendy boczne – Kryptowaluta, która wykazuje tendencję boczną, tworzy serię maksimów, które są w przybliżeniu na tym samym poziomie cenowym i serię dołków, które również są w przybliżeniu na tym samym poziomie cenowym.

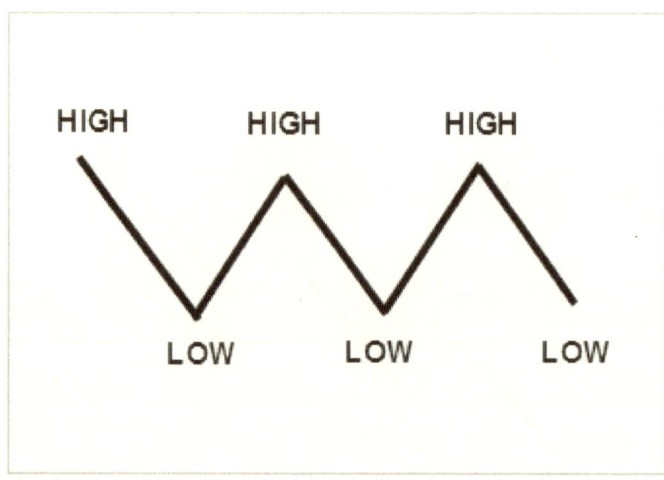

Trendy – Niezależnie od tego, czy są to trendy wzrostowe, spadkowe czy boczne, trendy mogą kształtować się w różnych okresach czasu. Identyfikacja różnych trendów w każdym przedziale czasowym i możliwość powiązania ich z analizą ma kluczowe znaczenie dla Twojego sukcesu jako tradera.

Definicja Wykresu Świecowego

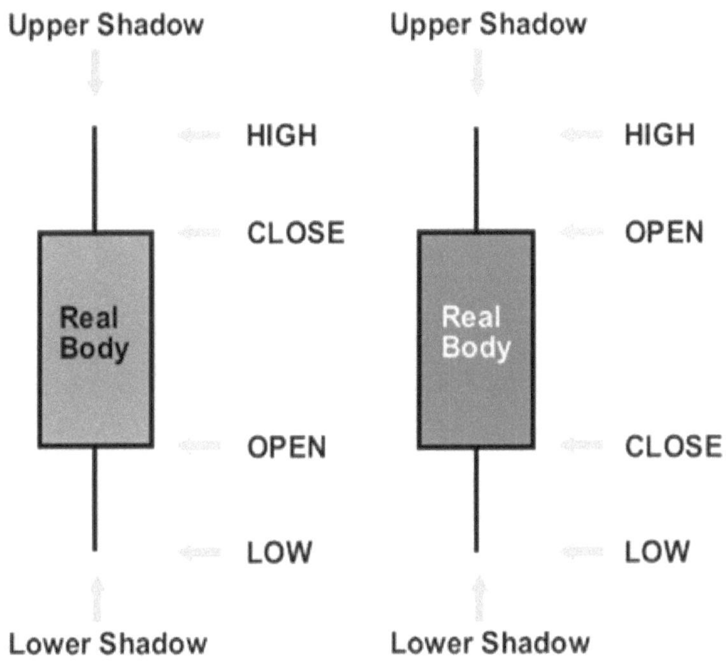

Zacznijmy od zdefiniowania świecy. Świeca to linia na wykresie, która przedstawia jeden punkt i pokazuje maksimum, minimum, otwarcie i zamknięcie dla każdego okresu. Na przykład, jeśli mamy wykres dzienny, każda świeca reprezentuje jeden dzień i pokaże maksimum, minimum, otwarcie i zamknięcie tego dnia. Na wielu platformach czerwona świeca oznacza, że cena zamknięcia jest niższa niż cena otwarcia w tym okresie. Zielona świeca oznacza, że cena zamknięcia jest wyższa niż cena otwarcia w tym okresie.

ROZDZIAŁ 15
Wskaźniki Analizy Technicznej

Przyjrzymy się wskaźnikom średniej ruchomej, RSI oraz wstędze Bollingera. Pierwsza to średnia ruchoma, która jest przydatna, ponieważ ułatwia dostrzeżenie trendu. Ma to kluczowe znaczenie w przypadku walut, kryptowalut lub niektórych instrumentów pochodnych, w przypadku których zarówno rynek wzrostowy jak i spadkowy jest korzystny. Dlatego wszystko, co musimy zrobić, to zidentyfikować lub dostrzec ten trend. Aby to zilustrować, pięćdziesięciodniowa średnia ruchoma sumuje ceny zamknięcia z ostatnich pięćdziesięciu dni, dzieli przez pięćdziesiąt i wykreśla punkt na wykresie dla każdego dnia.

Wykres Średniej Ruchomej

Przyjrzyjmy się kilku podstawowym ustawieniom ze wskaźnikiem średniej ruchomej. Jeśli na wykresie mamy ustawioną średnią ruchomą na dziesiątce oraz pięćdziesiątce, to dziesiątka jest krótkoterminowa, a pięćdziesiątka długoterminowa. Im krótsza jest średnia ruchoma i znajduje się powyżej dłuższej, to trend jest uważany za wzrostowy. Jeśli krótsza średnia ruchoma jest poniżej dłuższej średniej ruchomej, wówczas trendy są uważane za spadkowe. Na wykresie zauważysz, że dziesiątka łamie się poniżej pięćdziesiątki, czyli długoterminowej w tym przykładzie, co można uznać za początkowy sygnał sprzedaży.

W przypadku średnich ruchomych sygnały kupna i sprzedaży są generowane przez przecięcie ceny powyżej lub poniżej linii średniej ruchomej. Jest termin, który często obije Ci się o uszy, gdy będziesz przebywać w pobliżu osób od analizy technicznej i jest to tak zwany *złoty krzyż*. Oznacza on, że pozycje krótkoterminowe łamią się powyżej długoterminowych. Przykładem może być podana dziesiątka i pięćdziesiątka, ale może to też być dwudziestka i trzydziestka czy pięćdziesiątka i siedemdziesiątka. Wszystko zależy od tradera i instrumentu, którym handluje.

Wskaźnik Siły Względnej

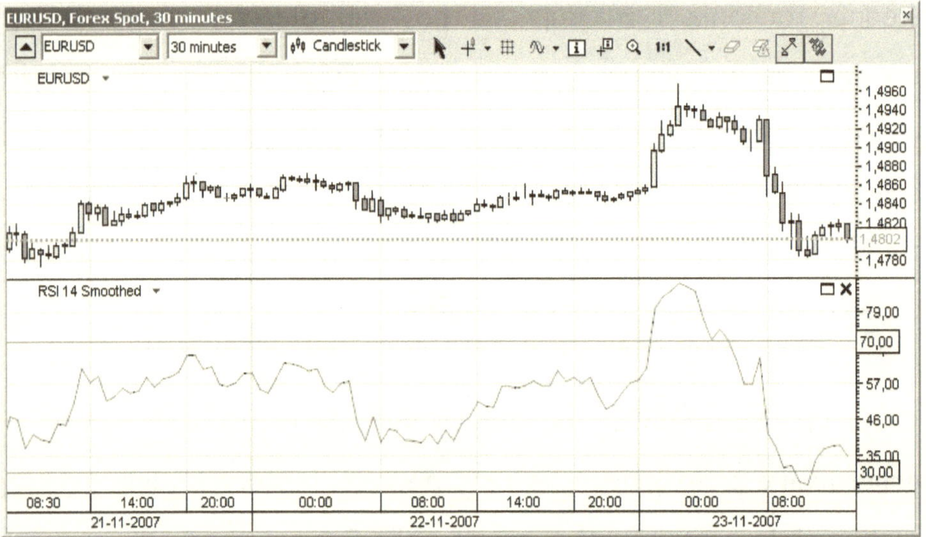

RSI, który jest Wskaźnikiem Siły Względnej służy do określenia, czy rynek (akcje, waluta, kryptowaluta, itp.) jest nadmiernie wykupiony lub nadmiernie wyprzedany, czyli innymi słowy przesycony. Jest klasyfikowany jako mierzalny czynnik ekonomiczny, ponieważ zaczyna dawać sygnały przed rozpoczęciem trendu. Posiada indeks od zera do stu.

Pod wykresem EURUSD widoczny jest wykres RSI. RSI mniej więcej odpowiada temu, co dzieje się na wykresie i tak właśnie powinno być. Odczyty poniżej trzydziestu wskazują, że rynek może być nadmiernie wyprzedany, a kiedy widzisz lub słyszysz termin nadmiernie wyprzedany, oznacza to nadmierną sprzedaż. Odczyty powyżej siedemdziesięciu wskazują, że rynek może być nadmiernie wykupiony, czyli chodzi o nadmierne kupowanie. Należy pamiętać, że są to wskazówki, niczego nie gwarantują. Pamiętaj, że rynek może pozostać wykupiony lub wyprzedany przez dłuższy czas.

Wstęgi Bollingera

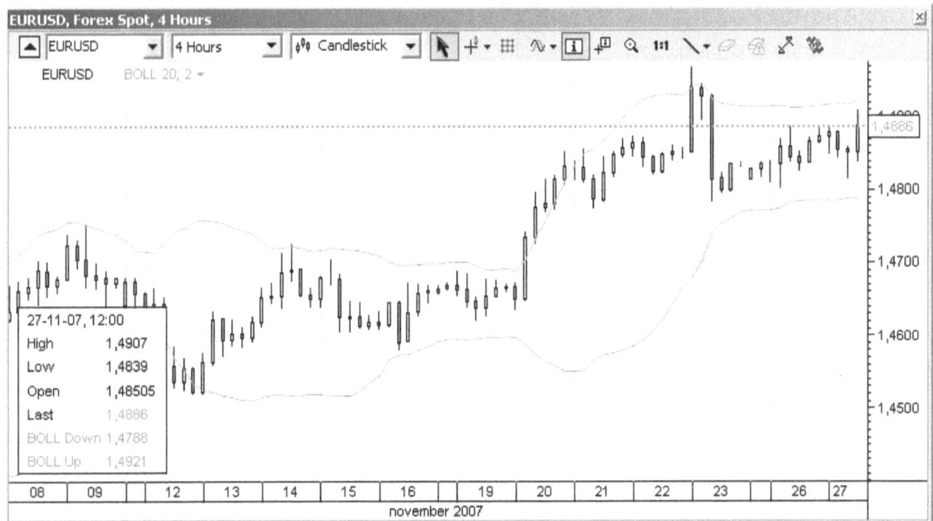

Wstęgi Bollingera to narzędzie, z którego korzysta wielu inwestorów i handlowców, gdy chcą dodać różne aspekty analizy technicznej do otwartych przez siebie transakcji. Służą do pomiaru zmienności rynku. Wstęgi określają górną i dolną granicę zakresu handlowego. Kiedy przeglądasz wstęgi na wykresie, będziesz mieć górną i dolną wstęgę. Przestrzeń pomiędzy górą a dołem nazywana jest kanałem kupna - sprzedaży. Wykorzystujesz przestrzeń między wstęgami, aby zorientować się, gdzie jesteś w zakresie handlowym. Jeśli jesteś blisko szczytu, wiesz, że jesteś blisko poziomu oporu i istnieje możliwość odwrócenia ceny (rynek zmienia kierunek). Jeśli jesteś na dole, wiesz, że jesteś blisko poziomu wsparcia dla potencjalnego odwrócenia ceny. W większości przypadków ceny pozostają między wstęgami. Jeśli cena zacznie się przełamywać, wielu traderów traktuje to jako sygnał, więc musisz być tego świadomy.

Zrozumienie Poziomów Wsparcia i Oporu

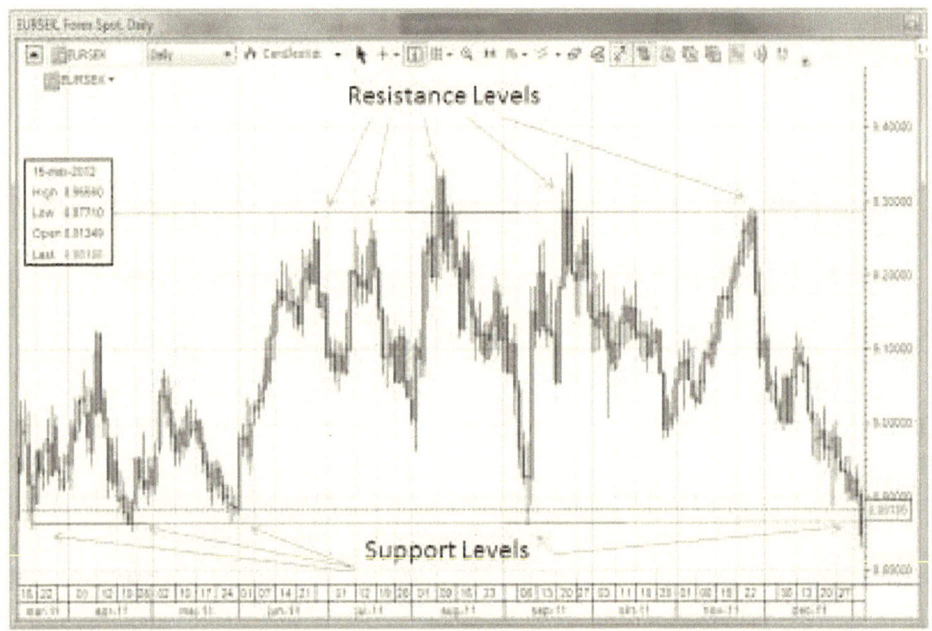

Poziom wsparcia to poziom ceny, przy którym handlowany instrument miał w przeszłości trudności ze spadkiem poniżej. Na przykład, jeśli mamy wsparcie w okolicach 1.4380, byłbyś w stanie zobaczyć na wykresie, że rynek kilka razy osiągnął ten poziom (1.4380) bez spadku poniżej, więc w żargonie analizy technicznej byłby to poziom wsparcia. Poziom oporu jest dokładnie odwrotnym poziomem ceny, przy którym instrument miał historycznie trudności z wejściem powyżej.

Chart patterns similar to the letters M & W

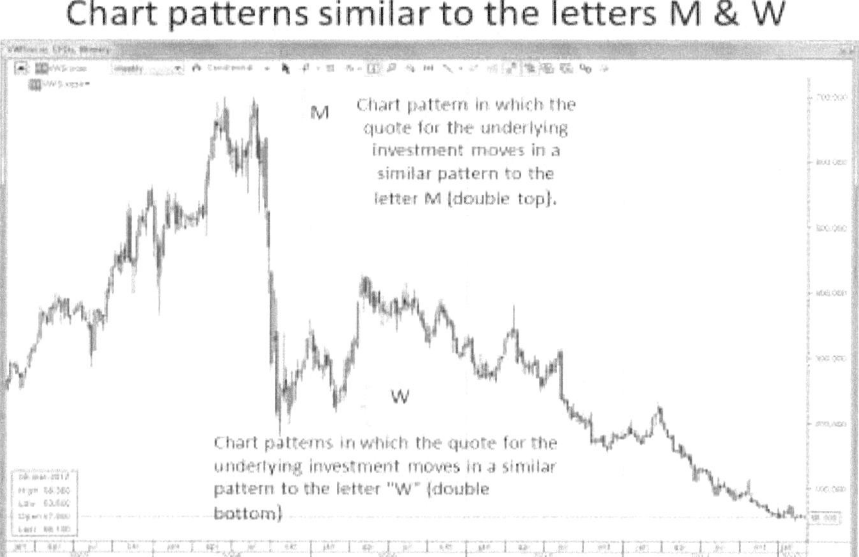

Wzory na Wykresie "W" Podwójne Dno lub "M" Podwójny Szczyt

Są to formacje wykresów, w których cena instrumentu porusza się według wzoru podobnego do litery "W" (podwójne dno) lub "M" (podwójny szczyt). Podwójne formacje górne i dolne są używane w analizie technicznej do wyjaśniania ruchów w akcjach, kryptowalutach lub innych inwestycjach i mogą być wykorzystywane jako część strategii handlowej w celu wykorzystania powtarzających się wzorców. Podwójny szczyt i podwójne dno to wzory odwrócenia trendów.

Podwójne dno ma tendencję do występowania po silnym trendzie spadkowym i wskazuje, że trend wzrostowy może być nieuchronny. "Dna" to doliny, które powstają, gdy cena osiągnie pewien poziom wsparcia, którego nie może przełamać. Po osiągnięciu tego poziomu cena nieznacznie odbije się od niego, zanim wróci do ponownego przetestowania tego poziomu. Jeśli cena odbije się od wsparcia po raz drugi, masz formację z podwójnym dnem. Jeśli drugie dno nie może przebić dołka pierwszego, to jest to silny sygnał, że nastąpi odwrócenie. "Dekolt" zostanie narysowany na wysokości między dwoma "dnami". W przypadku podwójnego dna możesz rozważyć zlecenia długiego (zakup) z wejściem powyżej "dekoltu", ponieważ spodziewasz się, że trend zmieni się w górę.

Podwójny szczyt jest zwykle tworzony po przedłużającym się trendzie wzrostowym i wskazuje, że trend spadkowy może być nieuchronny. "Szczyty" to szczyty, które powstają, gdy cena osiągnie pewien poziom oporu, którego nie może pokonać. Po osiągnięciu tego poziomu cena nieznacznie odbije się od niego, ale wróci do ponownego przetestowania tego poziomu. Jeśli cena ponownie odbije się od tego poziomu, uzyskamy podwójny szczyt. Jeśli drugi szczyt nie może przełamać maksimum pierwszego szczytu, to jest to silny sygnał, że nastąpi odwrócenie. "Dekolt" jest rysowany na dole między dwoma "szczytami". W przypadku podwójnego szczytu możesz pomyśleć o dokonaniu zlecenia krótkiego (sprzedaży) poniżej "dekoltu", ponieważ spodziewasz się, że trend stanie się spadkowy.

ROZDZIAŁ 16
Twoje Następne Kroki

Zanim głębiej wejdziesz w temat, możesz się jeszcze lepiej przygotować korzystając z zajęć online, które prowadzę na gcmsonline.info lub skorzystać z pomocy zaufanego doradcy. Pokażę Ci z których forów kryptograficznych nie korzystać, ponieważ nie ma nich żadnego realnego nadzoru. Wystarczy zerknąć na kilka dużych, dostępnych w głównych mediach społecznościowych, aby stwierdzić, że odpowiedzi udzielone na niektóre pytania członków są absolutnie przerażające.

Ostatnie kilka miesięcy wstrząsnęło zaufaniem wielu osób do rynków kryptowalut, zwłaszcza tych, którzy kupili w grudniu 2017 roku, aby zobaczyć, jak ich konta drastycznie się kurczą. Spotkałem kilka takich osób na swoich zajęciach i podzielę się z Tobą tym, co im powiedziałem, wraz z kilkoma wykresami: Jeśli wchodzisz na rynek z myślą o wielu latach, to po prostu weź głęboki oddech i pozwól, aby sprawy same się rozegrały. Wiele z tego, co widzimy, było już wcześniej widziane na rynku kryptowalut.

Bitcoin i kryptowaluty odeszły daleko od czasów, kiedy kojarzone były głównie z przestępcami. Obecnie świadomość społeczna jest szeroka i bardziej pozytywna. Transakcje terminowe na Bitcoinie są rozliczane nawet przez czołowe firmy z Wall Street, z czego jeszcze nie dawno by się śmiano. Aby postęp był kontynuowany, jak wspomniałem wcześniej, potrzeba mniej medialnego szumu, bardziej odpowiednich przepisów i większego bezpieczeństwa oraz przejrzystości giełd. Wierzę, że właśnie te rzeczy sprawią, iż kryptowaluty jako klasa aktywów wyjdą poza fazę wczesnych użytkowników.

ZAKOŃCZENIE

Dziękuję za przeczytanie całej książki '*Kolejny Poziom Inwestycji w Kryptowaluty*'. Mam nadzieję, że sporo z niej wyniosłeś i dała Ci ona dodatkowe narzędzia, które pomogą Ci osiągać swoje cele tradingowe oraz inwestycyjne. Twoim następnym krokiem jest podjęcie działania. Otwórz konto demo na swojej ulubionej giełdzie i przetestuj wszystkie strategie, aż osiągniesz wyniki, które chcesz mieć na swoim prawdziwym koncie.

Moje inne książki, które okazały się pomocne dla traderów i inwestorów to: '*Analiza Techniczna Forex w Pigułce*' oraz '*Programowanie Expert Advisor dla Początkujących: Strategie Maksymalnych Zysków Na Forex MT4*'.

Krótki fragment z mojej kolejnej książki: '*Podstawy Algorytmicznego Handlu Kryptowalutami*'

Handel algorytmiczny (algo) jest dobrze znany z handlu klasami tradycyjnych aktywów, takimi jak akcje, towary i forex, ale nie tak bardzo z kryptowalutami.

Dla tych, którzy nie są zaznajomieni z handlem algorytmicznym, szybkie wyjaśnienie. Zwykle taki handel składa się z następujących komponentów: Sygnał wejścia, częstotliwość czasowa, rozmiar pozycji, sygnał wyjścia oraz punkt odniesienia do oceny, aby zmierzyć Twój sukces lub jego brak. Zazwyczaj algo obejmuje również sporo wydobywania danych, w tym analizę historyczną. Pułapka związana z analizą historyczną polega na tym, że niektórzy sięgają zbyt daleko w przeszłość. Jest to jeden z głównych powodów, dla których handel algorytmiczny zawodzi, gdyż osobie lub zespołowi, który się go podjął, zbyt wiele czasu zajmuje wejście na rynek. Warunki na rynku zmieniają się cały czas. Dla przykładu, większość wyników Twojej analizy historycznej Forex może stać się bezużyteczna z powodu nieoczekiwanej zmiany stopy procentowej przez bank centralny.

NIEZBĘDNE SŁOWNICTWO DOTYCZĄCE BITCOINA I KRYPTOWALUT

Blockchain: To **publiczny** rejestr/księga rachunkowa transakcji Bitcoin w porządku chronologicznym. Blockchain jest wspólny dla wszystkich użytkowników Bitcoina. Służy do weryfikacji trwałości transakcji Bitcoin i zapobiegania podwójnemu wydatkowaniu.

Blok: To <u>zapis w łańcuchu bloków</u>, który zawiera i potwierdza oczekujące transakcje. Mniej więcej co 10 minut, w wyniku wydobycia, do łańcucha bloków dodawany jest nowy blok zawierający transakcje.

Blok Genesis: Jest to pierwszy utworzony blok i początek łańcucha bloków.

Hash Rate: Jest jednostką miary mocy obliczeniowej sieci Bitcoin. Sieć Bitcoin musi wykonywać intensywne operacje matematyczne ze względów bezpieczeństwa. Gdy sieć osiągnie hash rate 10 Th/s, oznacza to, że była w stanie wykonać 10 bilionów obliczeń na sekundę.

Kopanie: To proces polegający na tym, że sprzęt komputerowy wykonuje obliczenia matematyczne dla sieci Bitcoin w celu potwierdzenia transakcji i zwiększenia bezpieczeństwa. W nagrodę za swoje usługi górnicy Bitcoina mogą pobierać opłaty transakcyjne za transakcje, które potwierdzają, wraz z nowo utworzonymi bitcoinami. Wydobycie jest wyspecjalizowane i mocno konkurencyjne, a nagrody są podzielone w zależności od ilości wykonanych obliczeń.

Potwierdzenie: Potwierdzenie oznacza, że transakcja została przetworzona przez sieć i jest mało prawdopodobne, że zostanie ona cofnięta. Transakcje otrzymują potwierdzenie, gdy zostaną zawarte w bloku i tak dla każdego kolejnego bloku. Nawet pojedyncze potwierdzenie można uznać za bezpieczne w przypadku transakcji o niskiej wartości, chociaż w przypadku większych kwot, takich jak $1000, warto poczekać na kilka kolejnych potwierdzeń.

Podwójne Wydatki: Jeśli jakiś nieuczciwy użytkownik próbuje wydać swoje bitcoiny dwóm różnym odbiorcom w tym samym czasie, oznacza to podwójny wydatek. Wydobywający Bitcoina oraz blockchain mają na celu stworzenie w sieci konsensusu co do tego, która z dwóch transakcji zostanie potwierdzona i uznana za ważną.

Air Drop: Air Drop to proces, w którym firma bezpłatnie dystrybuuje tokeny kryptowaluty do portfeli niektórych użytkowników. Airdropy są zwykle przeprowadzane przez startupy z branży blockchain w celu wsparcia swoich projektów.

Klucz Prywatny: To tajny fragment danych, który potwierdza Twoje prawo do wydawania bitcoinów z określonego portfela za pomocą podpisu kryptograficznego. Twoje klucze prywatne są przechowywane na Twoim komputerze, jeśli korzystasz z portfela programowego. Są też przechowywane na niektórych zdalnych serwerach, jeśli używasz portfela internetowego. Nigdy nie wolno ujawniać kluczy prywatnych, ponieważ pozwalają one na wydawanie bitcoinów na cudzy portfel Bitcoin.

Podpis: Podpis kryptograficzny to mechanizm matematyczny, który pozwala komuś udowodnić swoją własność. W przypadku Bitcoina portfel Bitcoin i jego klucze prywatne są połączone matematyczną magią. Kiedy oprogramowanie Bitcoin podpisze transakcję za pomocą odpowiedniego klucza prywatnego, cała sieć może zobaczyć, że podpis pasuje do wydawanych bitcoinów, jednak świat nie ma sposobu, aby odgadnąć Twój klucz prywatny, tym samym nie jest w stanie ukraść Twoich bitcoinów.

Portfel: Portfel Bitcoin jest luźnym odpowiednikiem fizycznego portfela w sieci Bitcoin. Portfel zawiera Twoje klucze prywatne, które pozwalają Ci wydawać bitcoiny przydzielone do niego w łańcuchu bloków. Każdy portfel Bitcoin może pokazać całkowite saldo wszystkich bitcoinów, które kontroluje i pozwala zapłacić określoną kwotę określonej osobie.

Przechowywanie w Chłodni: Jest to proces przenoszenia Twoich bitcoinów do portfela offline. Zaletą tego jest to, że nikt nie może włamać się do Twojego komputera i ukraść Twoich kluczy prywatnych, jeśli Twój komputer nie jest podłączony do sieci. Bitcoiny będą musiały zostać wyniesione z chłodni, aby mogły zostać ponownie wydane lub przesłane.

Zamienność: Jest cechą dobra lub towaru, którego poszczególne jednostki są wymienne. Dla przykładu, z uwagi na fakt, że jeden kilogram czystego złota jest równoważny jakiemukolwiek innemu kilogramowi czystego złota, czy to w postaci monet, czy w innych postaciach, złoto jest zamienne. Innymi towarami zamiennymi są ropa naftowa, akcje, obligacje, waluty. Diament nie jest, ponieważ każdy jest wyjątkowy.

Adres: Adres Bitcoin to unikalny ciąg 27–34 znaków alfanumerycznych. Adres można utworzyć dowolnie za pomocą portfela i zawsze zaczyna się on od 1 lub 3.

Kryptowaluty Alternatywne: Wiele różnych alternatywnych kryptowalut, które powstały w oparciu o pomysł i/lub podstawowy kod Bitcoin. Kilka z bardziej znanych to Litecoin, IOTA i Ripple.

Rozwidlanie: "Rozwidlanie" to zmiana w oprogramowaniu waluty cyfrowej, która tworzy dwie oddzielne wersje łańcucha bloków ze wspólną historią. Rozwidlenia mogą być tymczasowe lub mogą być trwałym podziałem w sieci, tworząc dwie oddzielne wersje łańcucha bloków. Kiedy tak się dzieje, tworzone są również dwie różne waluty cyfrowe.

DDOS: Skrót od "Distributed Denial of Service". Atak DDoS to atak, którego celem jest przeciążenie sieci i uniemożliwienie działania giełdy. Jeśli zostanie przeprowadzony w trakcie niestabilnych ruchów, może być katastrofalny, ponieważ inwestorzy nie będą w stanie wykonać żadnego zlecenia ręcznie i będą w całości zdani na swoje wcześniej ustawione zlecenia.

ERC20: Techniczny standard stosowany w inteligentnych kontraktach w łańcuchu bloków Ethereum do wdrażania tokenów. ERC to skrót od *Ethereum Request for Comment*, a *20* to numer, który został przypisany do tego żądania.

ERC20 definiuje listę wspólnych reguł dla tokenów Ethereum, których należy przestrzegać w ramach większego ekosystemu Ethereum, umożliwiając programistom dokładne przewidywanie interakcji między tokenami.

PROFIL AUTORA

Wayne **Walker** jest dyrektorem globalnej firmy zajmującej się edukacją i doradztwem w zakresie rynków kapitałowych (gcmsonline.info). Posiada wieloletnie doświadczenie w szkoleniu i kierowaniu zespołami Doradców Inwestycyjnych oraz zarządzaniu zespołami osiągającymi najlepsze wyniki w Grupie Klientów Prywatnych w oparciu o Benchmark Dochodów (BME).

www.ingramcontent.com/pod-product-compliance
Lightning Source LLC
Chambersburg PA
CBHW061353160726